Jan Altendorf

Sport als Mittel zur Sozialisation, Gewaltprävention un(
Projekt "Sport gegen Gewalt, Intoleranz und Fremdenf(

Jan Altendorf

Sport als Mittel zur Sozialisation, Gewaltprävention und die praktische Umsetzung in dem Projekt "Sport gegen Gewalt, Intoleranz und Fremdenfeindlichkeit"

GRIN Verlag

Bibliografische Information der Deutschen Nationalbibliothek: Die Deutsche Bibliothek
verzeichnet diese Publikation in der Deutschen Nationalbibliografie; detaillierte bibliografische Daten sind im Internet über http://dnb.d-nb.de/ abrufbar.

1. Auflage 2001
Copyright © 2001 GRIN Verlag
http://www.grin.com/
Druck und Bindung: Books on Demand GmbH, Norderstedt Germany
ISBN 978-3-638-90843-6

Sport als Mittel zur Sozialisation, Gewaltprävention und die praktische Umsetzung in dem Projekt Sport gegen Gewalt, Intoleranz und Fremdenfeindlichkeit

von

Jan Altendorf

Institut für Sport und Sportwissenschaften
der Christian- Albrechts- Universität zu Kiel

Schriftliche Hausarbeit II

**Sport als Mittel zur Sozialisation, Gewaltprävention und die praktische
Umsetzung in dem Projekt „Sport gegen Gewalt, Intoleranz und
Fremdenfeindlichkeit"**

vorgelegt von: Jan Altendorf

Kiel, den 27.06.01

2

INHALTSVERZEICHNIS:

1. EINLEITUNG   S.3

2. HAUPTTEIL   S.3

    2.1 Begriffe und Definitionen   S.3
        2.1.1 Gewalt und Aggression   S.3
        2.1.2 Prävention   S.4
        2.1.3 Sozialisation   S.5

    2.2 Lebenssituation von heutigen Kindern und Heranwachsenden   S.6
        2.2.1 veränderte Familienformen   S.6
        2.2.2 Funktionalisierung und Terminierung   S.7
        2.2.3 Mediatisierung   S.8
        2.2.4 Wandlungen in der Jugendphase   S.9
        2.2.5 Situation in sozialen Brennpunkten   S.10

    2.3 Sport und Sozialisation   S.11
        2.3.1 Legitimation des Sports   S.11
            2.3.1.1 Funktionen des Sports   S.11
                2.3.1.1.1 sozio- emotionale Funktion   S.12
                2.3.1.1.2 Sozialisationsfunktion   S.12
                2.3.1.1.3 sozial- integrative Funktion   S.13
                2.3.1.1.4 politische Funktion   S.13
                2.3.1.1.5 Sport als Instrument sozialer Mobilität   S.14
        2.3.2 Sport als Spiegelbild der Gesellschaft   S.14
        2.3.3 Eigenweltcharakter des Sports   S.15

    2.4 Gewaltprävention durch Sport   S.15
        2.4.1 Einleitung   S.15
        2.4.2 Möglichkeiten einer Gewaltprävention   S.16
            2.4.2.1 Präventionsmöglichkeiten   S.16
                2.4.2.1.1 Primärprävention   S.17
                2.4.2.1.2 Sekundärprävention   S.17
            2.4.2.2 sozialpädagogisches Sportmodell   S.18
        2.4.3 Grenzen von Sport   S.18

    2.5 Das Projekt „Sport gegen Gewalt, Intoleranz und
    Fremdenfeindlichkeit" als Beispiel zur Gewaltprävention durch Sport   S.19
        2.5.1 Geschichte und Kooperationspartner des Projekts   S.19
        2.5.2 Ziele und Zielgruppen   S.20
        2.5.3 Umsetzung   S.21

3. ZUSAMMENFASSUNG   S.22

LITERATURVERZEICHNIS   S.23

Anmerkung: im folgenden wird die männliche Form stellvertretend für beide Geschlechter benutzt.

1. Einleitung

In der folgenden Hausarbeit „Sport als Mittel zur Sozialisation, Gewaltprävention und die praktische Umsetzung in dem Projekt „Sport gegen Gewalt, Intoleranz und Fremdenfeindlichkeit" geht es hauptsächlich um die Möglichkeiten des Sports, der zunehmenden Gewalt vorzubeugen und die Sozialisationsfunktionen des Sports aufzuzeigen. Daneben gehe ich auf die heutige Lebenssituation von Kindern und Jugendlichen ein, die sich in den letzten Jahren und Jahrzehnten enorm verändert hat. Schließlich stelle ich das Projekt „Sport gegen Gewalt, Intoleranz und Fremdenfeindlichkeit" vor, in dem das sogenannte sozialpädagogische Sportmodell umgesetzt wird.

2. Hauptteil
2.1 Begriffe und Definitionen:

2.1.1 Gewalt und Aggression:
Es ist schwierig eine eindeutige Definition von Gewalt und Aggression zu geben, da es in der Literatur verschiedene Auffassungen darüber gibt, wie weit diese Begriffe greifen. Oft wird Gewalt mit dem Begriff „Aggression" gleichgesetzt, eine klare Abgrenzung findet nicht statt.

Unter Aggression versteht Janssen „...eine absichtliche Schädigung (materiell, körperlich, seelisch) einer anderen Person oder auch die Androhung von Schäden, Verletzungen, Beeinträchtigungen" (JANSSEN 1995, 287). Aggression kann sich aber auch gegen ein sog. Organismussurrogat (Photo, Sache) richten. Weiterhin unterscheidet man offene (physisch oder verbal) von verdeckten (phantasierten) und positive (von der Kultur gebilligte) von negativen (von der Kultur missbilligte) Aggressionen.

Während Aggression die Realisierung oder das Ausleben von aggressivem Verhalten meint, bezeichnet Aggressivität die Bereitschaft zu aggressivem Verhalten und zur Provokation.

Gewalt wird als Mittel dazu ge- und missbraucht, eigene Ziele auch gegen den Willen anderer durchzusetzen. Im Vordergrund steht dabei vor allem die körperliche Gewalt gegen Personen, die auch als manifestierte Aggression bezeichnet wird. Grundsätzlich lassen sich physische (gegen Personen oder gegen Sachen, auch Vandalismus genannt) und psychische Gewalt (Beleidigung, Erpressung, Bloßstellen) unterscheiden. Daneben gibt es auch noch die strukturelle Gewalt und die Gewalt gegen sich selber.

Der Landessportverband Schleswig- Holstein (LSV) geht von einem „umfassenden" Gewaltbegriff aus, wonach Gewalt „...jegliche Handlungen von Personen gegen Personen und Sachen, die in aggressiver, destruktiver Intention angelegt sind, um den Menschen gegenüber oder auch Sachen (Umwelt) zu verletzen oder zu zerstören [bedeutet]"(LSV 2000, 3). Gewalt kann dabei in psychischer und physischer Form geäußert werden. Charakteristisch sind hierbei vorsätzliches Verhalten und Schädigungsabsicht.

2.1.2 Prävention

Der Begriff Prävention wird häufig im Zusammenhang mit Gesundheit oder Strafrecht verwandt. Allgemein sind darunter vorbeugende Maßnahmen zu verstehen, um künftige schädliche Faktoren, Straftaten oder Missstände auszuschalten (primär-präventiv). Es soll gehandelt werden, bevor etwas passiert. Bezogen auf Gewalt, soll also Gewalt verhindert werden, bevor sie entsteht.

Daneben gibt es die sekundäre Prävention, die eine frühzeitige Erkennung und Behandlung von Missständen gewährleisten soll. Dieser Ansatz zielt bezüglich der Gewaltprävention vor allem auf Kinder und Jugendliche in den sog. „sozialen Brennpunkten" und dient auch der Integration von ausländischen Kindern und Jugendlichen.

Als tertiär- gewaltpräventive Maßnahmen bezeichnet man z.B. die Integration von jungen, straffälligen Menschen mit dem Schwerpunkt der Resozialisierung.

2.1.3 Sozialisation

Zum Begriff Sozialisation gibt es je nach Gesichtspunkt viele verschiedene Definitionen und Konzepte. Nach Heinemann soll die Sozialisation als „...ein sozialer Prozess verstanden werden, durch den einzelne Individuen einer Gesellschaft oder einzelner gesellschaftlicher Daseinsbereiche in die Lage versetzt werden, in normativ und symbolisch strukturierten Handlungssituationen zu interagieren" (HEINEMANN 1983, 164). Er unterscheidet dabei vier Dimensionen der Sozialisation.

Die erste Dimension wird als normative Konformität bezeichnet und besagt, dass die in einer Gesellschaft vorherrschenden Normen, Werte, Symbole und Techniken vermittelt, verbindlich gemacht und anerkannt werden.

Als „Ich- Identität" (zweite Dimension) wird die Fähigkeit bezeichnet, „...die Rollenerwartungen und Ansprüche der sozialen Umwelt und die individuelle Persönlichkeit mit ihren Wünschen, Vorstellungen und Erfahrungen so in Einklang zu bringen, dass die Einzigartigkeit der Person bewahrt bleibt, ohne dass sie sich von Kommunikation und Interaktion ausschließt"(HEINEMANN 1983, 165).

Die Fähigkeit zu autonomem Handeln und reflektierter Anwendung von sozialen Normen heißt „Ich- Stärke" und bildet die dritte Dimension.

Durch den Prozess der Sozialisation soll der einzelne lernen, Identität und Ich-Stärke mit sozialer Verpflichtung gegenüber anderen zu verbinden. Daher wird diese vierte Dimension als „Solidarität" bezeichnet.

Klein sieht in der Sozialisation einen „....Oberbegriff für die verschiedenen Aspekte der zweiten, *soziokulturellen Geburt* des Menschen..."(KLEIN in BECKER (Hg.) 1982, 49). Es handelt sich um eine Persönlichkeitsentwicklung, bei der „...sich der Mensch in zunehmender Bewusstheit mit den sozialen und materialen Gegebenheiten seiner

Lebenswelt auseinander [setzt]..." (KLEIN in BECKER (Hg.) 1982, 49) und sie schließlich verinnerlicht und aneignet. Diese Aneignung ist ein lebenslanger Prozess, da immer wieder neue Lebensbedingungen entstehen und sich Werte und Normen der Gesellschaft im Laufe der Zeit verändern können.

Weiß definiert Sozialisation als einen „...Prozess der Internalisierung (Verinnerlichung von Werten, Normen, Verhaltensmustern und sozialen Rollen), um dadurch Aufnahme (Integration) in eine Gesellschaft oder in einen Teil der Gesellschaft zu finden" (WEIß 1999, 67)

Aufgrund der Abhängigkeit von Gesellschaft und Kultur sowie deren verschiedenen Rollenerwartungen, ist es nicht verwunderlich, dass sich die „soziokulturelle Geburt" eines Menschen in anderen Kulturen nach anderen Maßstäben vollzieht, da es in jeder Gesellschaft eigene Werte, Normen und Moralvorstellungen gibt.

2.2 Lebenssituation von heutigen Kindern und Heranwachsenden

2.2.1 Veränderte Familienformen

„Erfahrungen im familialen Kontext sind ein wichtiger Baustein in der Lebens- und Erfahrungswelt von Kindern. Einerseits ist die Familie der Ort, an dem Kinder Liebe, Geborgenheit und Zuwendung erfahren, andererseits ist sie ein bedeutender Lernort, somit also auch grundlegend für eine erfolgreiche Bildungskarriere" (BRÜCKEL 1999, 239). In den letzten Jahren und Jahrzehnten hat sich die Familienstruktur erheblich gewandelt, was sich natürlich auch auf die Sozialisation der Kinder und Jugendlichen auswirkt.

So hat heute ein Großteil (fast 40%) der Familien nur noch ein Kind. Dadurch kommt es, dass immer weniger Kinder Erfahrungen mit Geschwistern machen können. Daher fehlen wertvolle Spielpartner, mit denen man sich nicht extra verabreden muss, sondern spontan spielen könnte (vgl. BRÜCKEL 1999, 239/240).

Hinzu kommt, dass heute beinahe jede dritte Ehe geschieden wird. Die dadurch erlittenen Trennungserfahrungen „...können die Ursache für die reale Angst vieler Kinder sein, geliebte Erwachsene zu verlieren und bedeuten in der Regel Bedrohung oder eine tiefgreifende Unsicherheit" (BRÜCKEL 1999, 240), was sich natürlich negativ auf die ohnehin schon vorhandene Orientierungslosigkeit vieler Kinder und Jugendlicher auswirkt.

Eine weitere Folge dieser enorm gestiegenen Anzahl von Scheidungen ist, dass Kinder oft nur noch von einem Erwachsenen großgezogen werden. Durch die Doppelbelastung von Beruf und Erziehung kann es zu erheblichen Problemen in der Erziehung und zur Überbeanspruchung des Alleinerziehenden führen, was sich wiederum negativ auf das Kind auswirkt. Außerdem fehlt dem Heranwachsenden eine dauerhafte weibliche oder meist männliche Bezugsperson. Auch dies hat Konsequenzen für die Sozialisation, da ein Vorbild und ein mögliches Modell für das entsprechende Rollenverhalten des Kindes nicht vorhanden ist.

2.2.2 Funktionalisierung und Terminierung

„Kinder leben heute in einer zunehmend funktionsgebundenen und spezialisierten räumlichen Umwelt. Große Teile ihres Lebensraumes sind Erwachsenenwelten, Kinder finden immer weniger freie Räume, die im nahen Wohnumfeld vielfältige Nutzungsformen zulassen" (BRÜCKEL 1999, 240). Dies führt zu einer Verinselung oder Inselstruktur des Lebensraums, der aus verschiedenen, weit verstreuten Funktionsräumen (Inseln) besteht.

Um zu den verschiedenen Inseln zu gelangen, müssen die Kinder und Jugendlichen Zwischenräume durchqueren, welche zum Lebensbereich der Erwachsenen gehören. So werden Eltern „...in ihrer Transportfunktion wichtig für das Inszenieren und Organisieren von sozialen Erfahrungsfeldern..." (BRÜCKEL 1999, 241).

Durch den verinselten Lebensraum ist ein neues Zeitraster moderner Kindheit entstanden. Der Alltag der Kinder wird durch Termine bestimmt, was zur Folge hat, dass „...wichtige Freiräume für ungeplante Tätigkeiten [...] immer mehr in den

Hintergrund gedrängt werden" (BRÜCKEL 1999, 245). Insgesamt kommt es zu einer Verhäuslichung des Kinderalltags, begünstigt auch durch die familiären Veränderungsprozesse und die Tendenz zur Institutionalisierung.

2.2.3 Mediatisierung der Kindheit

Medien, wie Fernsehen oder Internet, haben heutzutage einen beachtlichen und manchmal beängstigenden Stellenwert in unser Gesellschaft und Freizeitgestaltung erlangt. Vor allem das Fernsehen greift massiv in den Alltag der Kinder ein, so dass es zu einem zentralen Bezugspunkt geworden ist. Sogar vom „Familienmitglied Fernsehen" ist die Rede, da es an „...zentralen Sozialisationsaufgaben der Familie beteiligt ist: Fernsehen bestimmt die Alltagsorganisation der Kinder, beeinflusst die Gestaltung der Beziehung zwischen Eltern und Kindern und vermittelt Informationen über die außerfamiliale gesellschaftliche Umwelt" (BRÜCKEL 1999, 241).

Durch die zunehmende Mediatisierung der Kindheit nimmt neben den Medien auch der Kinderkonsummarkt Einfluss auf die Entwicklungs- und Lebensbedingungen der Kinder. Kinder werden lediglich als Konsumenten betrachtet, wobei erzieherische durch profitorientierte Motive ersetzt werden. So kommt es, dass Kinder immer mehr konsumieren wollen, dass es „cool" ist, teure Konsumgüter, wie Handys oder Kleidung zu besitzen und damit anzugeben. Schließlich wird diese Konsumhaltung von den Kindern verinnerlicht, was natürlich gerade in ärmeren Familien zu Problemen führen kann.

Außerdem bewirkt „der erhöhte Medienkonsum in Verbindung mit den immer geringer werdenden persönlichen Freiräumen „...eine Reduktion der Eigentätigkeit und lässt immer weniger Primärerfahrungen zu" (BRÜCKEL 1999, 245). Also kommt es auch zu einer Einschränkung des Bewegungslebens.

Hinzu kommt, dass durch die veränderten Sozialisationsbedingungen und dem Verlust traditioneller Sinngebungsinstanzen, wie z.B. Schule und Familie, Probleme in der Identitätsentwicklung der Heranwachsenden entstehen können. Auf der einen Seite ist es für junge Menschen unerlässlich, selbständig eigene Identität zu

entwickeln und zu stabilisieren, auf der anderen Seite sind sie mit dieser Suche nach dem Selbst häufig überfordert, weil dem „...individuellen Freiheitsgewinn gravierende Orientierungsprobleme gegenüberstehen" (BRÜCKEL 1999, 242). Gerade in Zeiten der zunehmenden Ausdifferenzierung und Individualisierung unserer Gesellschaft und dem Wegfall von klaren Vorbildern ist es schwierig sich zurechtzufinden, zu wissen, was man will, wer man ist und seinen eigenen Weg zu gehen. Insgesamt kann die Mediatisierung der Kindheit also negative Auswirkung auf die gesamte Persönlichkeitsentwicklung haben.

2.2.4 Wandlungen in der Jugendphase

Neben den spezifischen Problemen der Heranwachsenden wie „...allmähliche Ablösung von der Herkunftsfamilie, die Verknüpfung von schulischer und beruflicher Karriere, die Aufnahme intimer Zweierbeziehungen, die Veränderung von Körperbildern..." (BECKER in KLEIN (Hg) 1989, 172) und der oben besprochenen Suche nach einer stabilen Identität und dem Erwerb von Kompetenzmustern, müssen sich Jugendliche heute auch mit den oft negativen Folgen des Modernisierungsprozesses und den gegenwärtigen Entwicklungstendenzen in unserer Gesellschaft auseinandersetzen.

Ein Resultat des Modernisierungsprozesses ist eine Verlängerung der Jugendphase. „Einerseits bewirkt die Zunahme der Bedeutsamkeit des Funktionsbereichs „Bildung" eine Erhöhung der Verweildauer in den Bildungskanälen, andererseits führt das geringe Stellenangebot auf dem Arbeitsmarkt gegenüber der Nachfrage bei einem beträchtlichen Teil der Jugendlichen zu Wartezeiten, was einer ungewollten Verlängerung des Jugendstatus gleichkommt" (BECKER in KLEIN (Hg.) 1989, 173).

Darüber hinaus haben Jugendliche heute immer mehr Zugang zu gesellschaftlichen Bereichen, die ihnen früher nicht offen standen (z.B. durch Medien). So kommt es, dass die Jugendlichen aus einer Vielzahl von Anregungen, Vorbildern und Material für die eigene Persönlichkeitsentwicklung wählen können.

Durch die zunehmende Elektrisierung und Motorisierung wird sowohl die Ausdehnung des Lebensraumes ermöglicht als auch die Möglichkeit zur Teilnahme an gesellschaftlichen Ereignissen vergrößert. Dadurch werden Jugendliche immer früher zu Massenkonsumenten. Außerdem bewirken Werbung und Medien eine Enttabuisierung und Veralltäglichung der Sexualität.

Durch die Steigerung der Wahlmöglichkeiten und den damit verbundenen unterschiedlichen Wertmustern werden Orientierungs- und Entscheidungsprobleme z.B. zwischen den Attraktionen des Konsums und den Anforderungen der Schule provoziert.

2.2.5 Die Situation der Jugendlichen in sozialen Brennpunkten

In den sog. sozialen Brennpunkten besitzt der überwiegende Teil der Jugendlichen, wenn überhaupt, „nur" den Hauptschulabschluss. Mit diesem Abschluss ist es heute leider sehr schwierig überhaupt einen Ausbildungsplatz zu bekommen. Becker spricht sogar von der Hauptschule als „...Einbahnstraße in die berufliche Chancenlosigkeit" und davon dass Hauptschulabsolventen als „Ungelernte" angesehen werden (BECKER in KLEIN (Hg.) 1989, 175).

Neben diesen schlechten Berufsaussichten kommen weitere Belastungen auf die Jugendlichen in den sozialen Brennpunkten zu: „...überdurchschnittlich große Anzahl von Bewohnern in der Nähe des Existenzminimums, überdurchschnittliche Belegdichte der Wohnungen, unterdurchschnittliche Wohnungsqualität, unterdurchschnittliche infrastrukturelle Ausstattung ebenso wie Massierung sogenannter „Problemgruppen", Massierung sozial problematischer Verhaltensweisen der Wohnbevölkerung und Massierung ungünstiger Sozialisationsbedingungen ist so hoch, dass nicht nur die Aufnahme in den Arbeitsmarkt ungebührlich erschwert wird, sondern auch der nicht- arbeitsbezogene Biographieverlauf von Jugendlichen dieses städtischen Arealtyps gerade in der kritischen Phase der Identitätsbildung (siehe oben) zusätzlich erheblich belastet ist" (BECKER in KLEIN (Hg.) 1989, 175). Es wird also deutlich, dass gerade Jugendliche in sozialen Brennpunkten mit erheblichen Problemen in der Identitätsfindung und mit

der Sozialisation konfrontiert werden. Becker bezeichnet sie als die „wirklichen Verlierer des strukturellen Wandels" (BECKER in KLEIN (Hg.) 1989, 175). So ist es nicht verwunderlich, dass viele Jugendliche versuchen, der Realität durch Drogen zu entfliehen oder ihren Frust durch Ausleben von Gewalt zu bewältigen. Außerdem sind soziale Brennpunkte oft ein guter Nährboden für rechtsradikales Gedankengut.

2.3 Sport und Sozialisation

2.3.1 Legitimation des Sports

Nach Heinemann bedeutet Legitimation „...die Rechtfertigung und Rechtmäßigkeit von Normen, Handlungsmustern und institutionellen Ordnungen; sie sichert, dass Handeln als sinnvoll und (faktisch und normativ) richtig erscheint" (HEINEMANN 1983, 144). Legitimationen müssen an soziale Normen geknüpft sein, die für alle Teilnehmer sinnvoll und plausibel erscheinen. Legitimation setzt jedoch spezifisches Wissen voraus. Im Falle von Sport ist dies z.b. das Wissen um Aufgaben, Leistungen und Funktionen des Sports. Dabei geht Heinemann von drei unterschiedlichen Typen von Legitimationsaussagen aus, nämlich der funktionalistischen Deutung des Sports, dem expressiven Gehalt von Sport (Eigenweltcharakter) und weil Sport Werte und Ideologien des kulturellen Erbes der Gesellschaft widerspiegelt (vgl. HEINEMANN 1983, 146/147). Andererseits soll deutlich werden, welche bedeutende Rolle der Sport in der Sozialisation spielen kann.

2.3.1.1 Funktionen des Sports

Hier wird der Sport über seine Funktionen und seinen Nutzen für die Gesellschaft legitimiert. Dies beinhaltet Aufgaben wie Charakterbildung, Gesundheitsförderung (auf biologische Funktionen werde ich nicht weiter eingehen, da dies zu einem anderen Thema gehört), Abbau sozialer Spannungen aber auch politische Bildung.

2.3.1.1.1 Sozio- emotionale Funktion

Die sozio- emotionalen Funktionen des Sports bestehen darin, dass er einerseits Spannungen, Aggressionen und Konflikte regulieren und beeinflussen kann und andererseits ein Gegengewicht zu Langeweile und Spannungslosigkeit im Alltagsleben bildet.

Die Fähigkeit des Sports, Aggressionen abzubauen oder zu kanalisieren, nennt man Katharsis- Funktion. Außerdem kann man im Sport „...extreme Gefühlsbewegungen in einer Form zum Ausdruck bringen, die für das soziale Zusammenleben und die Funktionsfähigkeit wichtiger Daseinsbereiche nicht belastend wirkt" (HEINEMANN 1983, 209). Dies gilt auch für Zuschauer, z.b. durch Identifikation mit dem Gewinner. Auf der anderen Seite kann der Sport auch Aggressionen schüren, da im Sport z.T. aggressives Verhalten erlernt wird, was sich gerade im Fall einer Niederlage auch auf die Zuschauer übertragen kann.

Als Kompensationsfunktion bezeichnet man die Möglichkeit des Sports, der Monotonie und emotionalen Verarmung des Alltagslebens durch Neuigkeit, Spannung, Abwechslung und Abenteuer entgegenzuwirken.

2.3.1.1.2 Sozialisationsfunktion

Der Sport erfüllt eine Sozialisationsfunktion, das bedeutet er hilft beim Festigen von kulturellen Moral- und Glaubensvorstellungen und beim Entwickeln von persönlichen Charaktermerkmalen. Folgende Thesen zur Sozialisationsleistung von Sport, die bisher aber weder empirisch bestätigt noch widerlegt wurden (Stand 1983), wurden aufgestellt:

Sport prägt und festigt die Fähigkeit und Bereitschaft zu sozial- normativem Handeln, da es im Sport eigene Regeln, Rollen, Normen und auch Sanktionen für Regelverletzungen gibt. Somit ist Sport ein „...ideales Experimentierfeld für sozial-normatives Handeln und damit eine wichtige Möglichkeit der Vergesellschaftung des Individuums" (HEINEMANN 1983, 211).

Durch das Setzen und Erreichen eigener Normen und Ziele durch persönlichen Einsatz trägt Sport zur Formung der Persönlichkeit und Prägung des Charakters bei. Entscheidend dabei ist auch die Leistungsbereitschaft.

Soziale Verhaltensweisen wie Anpassung an die Gruppe, Solidarität, Kooperation, Fairness, Kameradschaft werden im Sport gelernt. Heinemann nennt dies „Soziabilität" (HEINEMANN 1983, 212).

Sport hat die Funktion, negative Folgeerscheinungen und Mängel einer ungenügenden Sozialisation zu beheben und auszugleichen. Diese Mängel können in der Motorik, oder auch im sozial-affektiven (mangelndes Selbstbewusstsein, hohes Aggressionspotential) Bereich liegen.

2.3.1.1.3 Sozial- integrative Funktion

Dadurch, dass der Sport verschiedene Menschen aus unterschiedlichen sozialen Schichten und Nationen vereint und so ein Wir- Bewusstsein und Identifikationsmöglichkeiten schafft, hat er auch sozial- integrative Funktion. Hinzu kommt, dass er die sozialen Werte und Normen einer Gesellschaft bewusst macht. Sport ist in der Lage, soziale Distanzen zu verringern und unterschiedliche Individuen in einen Gruppenverband zu integrieren. Dies vergrößert die Möglichkeit, sich mit dem Kollektiv zu identifizieren und sowohl soziale Verhaltensmuster als auch kulturelle Wertvorstellungen einer Gesellschaft zu begreifen und sich dementsprechend zu verhalten.

2.3.1.1.4 Politische Funktion

Sport besitzt auch eine politische Funktion, indem er nationale Identitätsgefühle weckt und das nationale Prestige fördert. Teils überschneidet sich die politische mit der integrativen Funktion, wenn sich Mitglieder einer Nation mit ihrer Nationalmannschaft identifizieren und die Leistung der Mannschaft generell der Mannschaft zugeschrieben wird. So entstehen dann Ausrufe von Fans wie „Wir sind

Weltmeister", obwohl diese gar nicht mitgespielt, sondern lediglich die gleiche Nationalität wie die Weltmeistermannschaft haben.

Die politische Funktion wurde aber schon oft, wie bei den Nationalsozialisten, für Propagandazwecke missbraucht. Auch sozialistische Staaten machten sich die kollektiven Ausdrucksmittel des Sports und die Faszination seines Leistungsprinzips zu Nutze, indem sie Sportler zu Aushängeschildern des Sozialismus machten und so Stärke nach innen und außen demonstrierten. Oft musste der Sport auch schon als politisches Sanktionsmittel (z.B. Boykott der Olympischen Spiele 1980 und 1984) herhalten.

2.3.1.1.5 Sport als Instrument sozialer Mobilität.

Nach Heinemann bezeichnet der Begriff „soziale Mobilität", "...den sozialen Aufstieg oder den sozialen Abstieg von Einzelpersonen, Gruppen, und sozialen Kollektiven..." (HEINEMANN 1983, 217). Der Sport kann nun die soziale Mobilität erhöhen und helfen, Klassen- und Rassenschranken zu überwinden. Dies hängt allerdings stark von dem Professionalisierungs- und Beliebtheitsgrad der Sportart, sowie von sozio-ökonomischen Bedingungen ab. Somit gelingt der soziale Aufstieg durch (Profi-) Sport nur im Einzelfall. Man kann nicht behaupten, dass Sport in den meisten Fällen zu einem sozialen Aufstieg beiträgt, dies ist eher die Ausnahme.

2.3.2 Sport als Spiegelbild der Gesellschaft

Die Werte und Grundprinzipien einer modernen Gesellschaft entsprechen auch denen des Sports. Der Sport nimmt diese allgemeingültigen, kulturellen Grundprinzipien auf und kann diese im Gegensatz zur Gesellschaft oft auch verwirklichen. So hilft der Sport bei der Persönlichkeitsbildung und als Vermittler kultureller Werte. Darüber hinaus werden solche Werte wie Konkurrenz, Gleichheit, Leistung durch den Sport sichtbar und können im Sport erlebt werden. Ein solches Grundprinzip ist z.B. das Leistungsprinzip, welches ein Legitimationsbegriff ist, „...indem es soziale Ungleichheit aus formaler Gleichheit und individueller Freiheit rechtfertigt" (HEINEMANN 1983, 146). Das bedeutet, dass jeder die gleichen

Chancen hat und dass es an einem selber liegt, was man erreicht. Dies kann aber nur gelten, wenn wirkliche und nicht nur formale Chancengleichheit besteht.

2.3.3 Eigenweltcharakter des Sports

Der Eigenweltcharakter ist die expressive Legitimation für den Sport. Sport ist ein Bereich, „... in dem die „normale" Wirklichkeit ausgeblendet [...] und so von den „ernsten" Lebenszielen und den vielfältigen Problemen des Lebens entlastet [sein kann]. „...Sport wird als das „Überflüssige" dargestellt, das von gesellschaftlichen Zwängen, von Problemen, Sorgen und Funktionen frei ist" (HEINEMANN 1983, 147). Obwohl im Sport Prinzipien wie Leistung, Konkurrenz und Gleichheit eine Rolle spielen, besitzt der Sport gegenüber der Arbeitswelt Zweckfreiheit und Weltausgrenzung.

2.4 Gewaltprävention durch Sport

2.4.1 Einleitung

Trotz der vorher erwähnten negativen Auswirkung der Mediatisierung auf Kinder und Jugendliche (z.B. Reduzierung des Bewegungslebens), hat der Sport immer noch einen hohen Stellenwert und zwar vor allem bei Kindern und den Präadoleszenten. Es wird sogar von einer „Versportung der Kindheit" im Zuge des allgemeinen Modernisierungsprozesses der Kindheit gesprochen. Dieses Interesse am Sport gilt für Mädchen und Jungen gleichermaßen bis zum 14. Lebensjahr, danach verflacht es (vgl. BRÜCKEL 1999, 243). Aufgrund dieser positiven Einstellung zum Sport, verbunden mit den vorher dargestellten Sozialisationseffekten des Sports, wird klar, dass Sport durchaus ein Mittel sein kann, der zunehmenden Gewalt bei Kindern und Jugendlichen Einhalt zu gebieten. Im folgenden soll erörtert werden, was der Sport für die Gewaltprävention leisten kann und wo seine Grenzen sind.

2.4.2 Möglichkeiten einer Gewaltprävention durch Sport

2.4.2.1 Präventionsmöglichkeiten

Wichtig ist, dass die Maßnahmen zur Prävention nicht an den Problemen ansetzen, die Kinder und Jugendliche uns machen, sondern an den Problemen, die sie selber haben, also an der Ursache für gewalttätiges Verhalten (vgl. PILZ 1997, 2). Eine Ursache ist z.B. die gestörte Primärsozialisation durch die Familie verbunden mit der Auflösung von Familienstrukturen, Werteverwirrung und –verfall und der Orientierungslosigkeit vieler Jugendlicher (vgl. KNUTH 2000, 44). Heranwachsende sind häufig, gerade in der Schule, geistig über- und körperlich unterfordert. Die zunehmende Passivität und der Mangel an Primärerfahrungen behindert die Suche nach der eigenen Identität. „Der Körper wird schließlich zum einzigen Medium, das direkte Rückschlüsse darüber erlaubt, wo die persönlichen Grenzen liegen" (KNUTH 2000, 45)

Diese Passivität kann durch Sport behoben werden, wenn er auch außerhalb der Schule betrieben wird. „Der Sport leistet noch immer die preiswerteste Sozialarbeit in der Gesellschaft. Vereinsmitglieder sind keine Radaubrüder und Extremisten, Sportler werfen keine Brandsätze auf Flüchtlingsheime, sie gehören auch keiner Drogenszene an. Der Sport hat einen hohen Bildungswert, er integriert problemlos Randgruppen der Gesellschaft" (Umbach, Präsident des Landessportverbandes Niedersachsen, zitiert nach PILZ 1997, 7). Oft erweist sich der Sport „....als das einzige Mittel an problematische Kinder heranzukommen, da er die Möglichkeit bietet, Erfolg, Selbstbestätigung, positives Gruppenerlebnis und Anerkennung der eigenen Leistung zu erfahren" (KNUTH 2000, 46).

Zur Gewaltprävention durch Sport gibt es zwei Ansätze, nämlich die Primärprävention, die durch Vermittlung sozialer Werte und Normen bereits im Vorfeld verhindern soll, dass Aggression überhaupt entsteht und die Sekundärprävention, die aggressives Verhalten kanalisiert und so eine Reduzierung dieses Verhaltens ermöglichen soll (vgl. KNUTH 2000, 46 und siehe 2.2).

2.4.2.1.1 Primärprävention

Sport ist gekennzeichnet durch eine Vielzahl von persönlichen Haltungen und Einstellungen zu denen auch Hilfsbereitschaft, soziales Verhalten und Fairness gehören. Durch die spielerische Anwendung und Umsetzung dieser Werte durch Sport wird soziales Verhalten auf andere gesellschaftliche Bereiche transferiert. Auch im Sport gibt es allgemeingültige und für alle nachvollziehbare Regeln, die das Miteinander bestimmen und erleichtern. Durch Akzeptanz dieser Regeln wird gelernt, Grenzen einzuhalten.

Ein weiterer Punkt, zu dem Sport beiträgt, ist die Körpererfahrung. Sowohl die Belastbarkeit des eigenen Körpers als auch dessen Verletzlichkeit wird erfahren. So wird nicht nur ein Bewusstsein für die eigene Verwundbarkeit, sondern auch für die des „gegnerischen" Körpers geschaffen, was ein wesentliches Ziel in der Gewaltprävention ist (vgl. KNUTH 2000, 47).

Sport bietet außerdem die „....Möglichkeit, Grundqualifikationen des eigenen Rollenverhaltens zu erwerben... [,da] ...gerade durch Sport die Fähigkeit zur Rollenübernahme und zur Reflexion und Interpretation der eigenen Rolle geschult wird" (KNUTH 2000, 47). Außerdem wird gelernt, Frustrationen zu ertragen und sich selbst darzustellen, was der Herausbildung der eigenen Identität dient.

2.4.2.1.2 Sekundärprävention

Im Gegensatz zur Primärprävention ,bei der die Vermittlung sozialer Verhaltensweisen kein primäres Ziel des Sporttreibens, sondern eher ein pädagogisches Nebenprodukt ist, geht es bei der Sekundärprävention darum, gezielt aggressives Verhalten abzubauen.

Um gewalttätige Jugendliche überhaupt mit Sport zu erreichen, müssen sich die Bewegungsangebote an deren Lebenswelten, Bedürfnissen, Interessen und Lebensstilen orientieren. Nur so kann die Faszination, die von Gewalt ausgeht, kanalisiert werden.

18

Gewalt ist für viele Jugendliche nur darum von Interesse,"... weil sie scheinbar Möglichkeiten schafft, sich selbst und den eigenen Körper zu erfahren und darüber hinaus Aufmerksamkeit und Beachtung, wenn auch in negativer Weise, zu erlangen" (KNUTH 2000, 49). Daher ist gerade die Stärkung der Identität der Heranwachsenden wichtig, damit sie nicht Selbstbestätigung mittels Gewalt suchen. Sport ist dafür hervorragend geeignet, denn er bietet "....Spannung, Abenteuer, Geschwindigkeit, Expressivität und Improvisation, die für die jugendliche Identitätsfindung charakteristisch ist..." (KNUTH 2000, 49). Um dieser Aufgabe gerecht zu werden, muss der Sport seine Angebote verstärkt an den Interessen der Jugendlichen orientieren. Leider sind Aktionen wie Straßen- oder Mitternachtssport, die den Freizeitgewohnheiten und Erlebnisinteressen entsprechen, noch die Ausnahme. Dies ist ein Punkt, an dem die meisten Sportvereine noch arbeiten müssen, wenn sie zur Gewaltprävention beitragen wollen.

2.4.2.2 sozialpädagogisches Sportmodell

Im Zusammenhang von Sport gegen soziale Probleme findet man häufig die Forderung nach einem „sozialpädagogischen Sportmodell" (vgl. Klein 1989, 43). Dies ist notwendig, um integrative und präventive Maßnahmen sinnvoll zu koordinieren. Dabei ist eine Vernetzung verschiedener Bereiche wie Sportverein, Schule, Eltern, Jugendpflege, Polizei, Politik notwendig. Entscheidend für das Gelingen präventiver Maßnahmen ist weiterhin die Partizipation, also das aktive Mitbestimmen der Kinder und Jugendlichen. Bei dem sozialpädagogischen Sportmodell steht nicht die Leistung im Vordergrund, sondern der „Klient". Offene Angebote, Flexibilität und Freiräume sind weitere Merkmale dieses Modells, auf dessen konkrete Umsetzung ich im folgenden noch eingehen werde.

2.4.3 Grenzen von Sport

Sport an sich ist nicht grundsätzlich gewaltfrei. Gerade im Spitzensport gibt es Tendenzen, gezielt Gewalt einzusetzen, um eigene Interessen und sportliche Ziele durchzusetzen. Die Schädigung oder Verletzung wird dabei billigend in Kauf genommen und manchmal sogar beabsichtigt. Dies kann dazu führen, dass Sport

sogar aggressionsverstärkend wirkt. Diese Aggressionen können sich auf den gesamten Sport und auch auf die Zuschauer übertragen. Es besteht die Gefahr einer Entartung des Sports (vgl. KNUTH 2000, 53).

Damit Sport als Mittel gegen soziale Probleme und zur Unterstützung der Sozialisation eingesetzt werden kann, ist es erforderlich, dass die Idee von Fairness und Friedfertigkeit im Vordergrund steht.

2.5 Das Projekt „Sport gegen Gewalt, Intoleranz und Fremdenfeindlichkeit" als Beispiel zur Gewaltprävention durch Sport

2.5.1 Geschichte und Kooperationspartner des Projektes

Das Projekt gibt es seit 1994, und es ist mittelfristig angelegt. Es wurde vom LSV und der Landesregierung Schleswig- Holstein ins Leben gerufen, um der zunehmenden Gewaltbereitschaft bei Kindern und Jugendlichen vorzubeugen und entgegenzuwirken. Schwerpunkte sind dabei die Schaffung von sozialem Verhalten und die Prävention vor delinquentem Verhalten sowie die Verhinderung von psychischer und physischer Gewalt.

Es gibt etwa 30- 40 feste Projektmitarbeiter, die auf Honorarbasis arbeiten und ca. 100 Sondermaßnahmen im Jahr durchführen. Dies beinhaltet auch 10- 15 integrative Ferienmaßnahmen jährlich. Insgesamt werden pro Woche 1300- 1600 Kinder und Jugendliche in Schleswig- Holstein erreicht.

Diese hohe Zahl ist deshalb möglich weil, auch andere Träger der Jugendarbeit mit in das Projekt einbezogen werden. Der LSV spricht dabei von einer „Kooperationspartner- Vernetzung". Neben den finanziellen Trägern (Landesregierung Schleswig- Holstein und LEG Unternehmensverbund) gehören Kreissportverbände, Fachverbände, Jugendringe, Schulen, Freie Wohlfahrtsverbände, Jugendämter, Kirchen, Gewerkschaften, Friedensinitiativen, Polizei, Streetworker, Kreise, Städte und Gemeinden dazu (vgl. LSV 2000, 6).

20

In dem Projekt findet nicht nur eine Vernetzung von Kooperationspartnern aus verschiedenen gesellschaftlichen Bereichen, sondern auch die von Sport mit Sozialpädagogik statt.

2.5.2 Ziele und Zielgruppen

Da bei immer mehr „...jungen Menschen Haltlosigkeit, Orientierungslosigkeit, egoistisches Denken, Drogenmissbrauch und Gewaltbereitschaft zunehmen,... [ist es notwendig] ...aufzuzeigen, dass es auch friedliche, sinnvollere Lebensweisen gibt. Die Flucht in Sub- und Scheinwelten, die in Gewaltdarstellungen in Videos und Fernsehbildern erschreckende Ausmaße angenommen haben, bieten den Jugendlichen zwar die Möglichkeit, sich dem Leistungsdruck und der Realität unserer Gesellschaft scheinbar zu entziehen, die Anforderungen an sie werden dadurch aber nicht geringer" LSV 2000, 3).

Die Forderung an die Gesellschaft lautet daher, Möglichkeiten zu schaffen, durch die Jugendliche eigene Identität und Individualität aufbauen können. Der Sport ist dabei ein geeignetes Mittel, um Werte wie Gruppenzugehörigkeit und Kameradschaft durch gemeinsames Erleben zu vermitteln und den Heranwachsenden so Halt, Orientierung, Verlässlichkeit und Geborgenheit zu geben. Gerade in Zeiten, in denen die Zahl der Alleinerziehenden ständig zunimmt, „...kann der Sportverein oder die Freizeitgruppe zum wichtigen Ersatz für fehlende häusliche Orientierung, aber auch zur Ergänzung werden" (LSV 2000, 5).

Damit der Sport dieser Wertebildung gerecht werden kann, muss er sozialpädagogisch von kompetenten Mitarbeitern gelenkt und regelmäßig betrieben werden. Daneben sind auch konstante erwachsene und gleichaltrige Bezugspersonen wichtig. (vgl. LSV 2000, 3) „Sozialpädagogische Arbeit braucht einen langen Atem, gerade wenn negative Werthaltungen [z.B. Rechtsradikalismus] sich bereits über Jahre verfestigt haben" (LSV 2000, 11).

Ziele des Projektes sind soziales Verhalten durch Sport, Toleranz statt Gewalt im Sport, Transfer von Fairness im Sport in den Alltag, Kameradschaft und

21

Zusammenhalt durch Sport, dauerhafte Beziehungen durch Sport, Sport gegen Egoismus und Rassismus, Friedenserziehung durch Sport, sinnvolle Freizeitgestaltung durch Sport, Körpergefühl und Selbstbewusstsein durch Sport, Identitätsbildung durch Sport, gesundes Aktivitäts- und Leistungsverhalten durch Sport und durch Sport kriminelles und gewalttätiges Verhalten zu verhindern (vgl. LSV 2000, 7).

Zur Zielgruppe des Projektes gehören allgemein alle Kinder und Jugendlichen zwischen 6 und 20 Jahren (primär- präventiv) und speziell „... orientierungslose, gewaltbereite und gefährdete Kinder, Jugendliche und Heranwachsende, die andere durch verbale Herabsetzung, körperliche Bedrohung und tatsächliche Gewaltanwendung beeinträchtigen. Diese Kinder und Jugendlichen treffen wir vor allem in den „Sozialen Brennpunkten an- (sekundär-präventiv)" (LSV 2000, 7). Gerade auch ausländische Kinder und Jugendliche sollen dabei integrativ miteinbezogen werden. In Einzelfällen können auch Maßnahmen zur Resozialisierung junger Straffälliger über Sport in Zusammenarbeit mit der Jugendgerichtshilfe durchgeführt werden (tertiär- präventiv).

2.5.3 Umsetzung

Bei der methodischen Umsetzung sind Freiräume, offene Angebote, Flexibilität, und auch gerade Partizipation der Kinder und Jugendlichen an der Planung wichtig, da sie sich so besser mit dem Projekt identifizieren können. Die zielorientierte Zusammenarbeit von Sport und Sozialarbeit zeigt sich in vielen Einzel- und Gruppengesprächen und dem Beziehungsaufbau der Kinder und Jugendlichen zu den nicht nur sportlich sondern auch sozialpädagogisch kompetenten Mitarbeitern.

Das Projekt soll auf breiter, gesellschaftlicher Ebene verankert werden (basisorientierte Jugendarbeit), um viele Kinder und Jugendliche anzusprechen und zu begeistern. Daher müssen die Projektangebote den Bedürfnissen der Heranwachsenden entsprechen. Es werden sowohl traditionelle Sportarten wie Fußball, Handball, Tischtennis, Basketball, Volleyball, Segeln, Kanu, Rudern, asiatische Verteidigungssportarten als auch Trendsportarten wie Streetball, Football,

Baseball, Inline- Skating, Klettern, Midnightevents und Abenteuersport angeboten. (vgl. LSV 2000, 6/7). Da viele der Sportarten noch Männerdomänen sind, soll die Förderung von mädchenspezifischen Angeboten durch Sportarten zur Selbstbehauptung und Selbstverteidigung besonders gefördert werden (vgl. LSV 2000, 5). Daneben gibt es auch integrative Ferien- und Wochenendmaßnahmen sowie Sondermaßnahmen.

„Wenn wir das Bewusstsein der jungen Menschen hinsichtlich einer friedfertigen Umgangsweise verändern und bereits vorhandene Gewaltbereitschaften abbauen wollen, müssen wir Thematik und neue Verhaltensmuster auch über die Medien in die Köpfe und Herzen der jungen Menschen gelangen" (LSV 2000, 10). Neben den Medien sind dabei vor allem die Schulen angesprochen. Auch prominente Sportler können wegen ihrer Vorbildfunktion dazu beitragen, das Bewusstsein der Kinder und Jugendlichen positiv zu verändern. So konnten z.b. Arved Fuchs, Magnus Wislander und Uwe Seeler für das Projekt gewonnen werden.

3. Zusammenfassung

In der heutigen modernen Zeit des Massenkonsums und der Massenmedien kommt es zu Orientierungsproblemen der Kinder und Jugendlichen. Hinzu kommen der zunehmende Leistungsdruck und die hohe Zahl an Alleinerziehenden. So ist es nicht verwunderlich, dass viele Heranwachsende sich in Gewalt und Drogen flüchten oder sich den Rechtsradikalen anschließen. Dies gilt gerade in den sogenannten sozialen Brennpunkten.

Ich habe versucht deutlich zu machen, dass Sport bei der Sozialisation und der Identitätsfindung helfen kann. Daneben ist ein Transfer von Fairness im Sport auf den Alltag möglich. Sport kann der zunehmenden Gewalt vorbeugen und entgegenwirken, wenn eine Vernetzung von Sport und Sozialpädagogik und eine Kooperation verschiedener gesellschaftlicher Bereiche (Polizei, Vereine, Schule, Eltern, Jugendamt) stattfindet. Dieser Ansatz wird in dem von mir beschriebenen Projekt erfolgreich umgesetzt. Auch im Schulsport sollten nicht nur Leistung, sondern gerade die Vermittlung sozialer Kompetenzen im Vordergrund stehen.

23

Literaturverzeichnis:

BECKER, P. (Hg.): Sport und Sozialisation. Reinbek, 1982.

BRÜCKEL, F.: Die Aufgaben der Schule des Schulsports aus bildungstheoretischer Sicht. Dissertationsarbeit, Universität Freiburg, 1999.

HEINEMANN, K.: Einführung in die Soziologie des Sports. Herausgegeben von GRUPE, O. , 2. überarb. Aufl., Schorndorf, 1983.

JANSSEN, J.-P.; Grundlagen der Sportpsychologie. Wiesbaden, 1995.

KLEIN, M. (Hg.): Sport und soziale Probleme. Reinbek, 1989.

KNUTH, G.: Gewalt in der Schule: Prävention durch Sport- Befragung bei Lehrern, Referendaren und Studierenden. Magisterarbeit, Kiel, 2000.

LANDESSPORTVEREIN SCHLESWIG- HOLSTEIN: Sport gegen Gewalt, Intoleranz und Fremdenfeindlichkeit. Universität Kiel, 2000.

PILZ, G.: Zur Bedeutung des Sportunterrichts im Rahmen einer Gewaltprävention. Unveröffentlichtes Manuskript, Universität Hannover, 1997.

WEIß, O.: Einführung in die Sportsoziologie. Wien, 1999.

9 783638 908436